우리는
새로 만난 사이가
되었다

우리는
새로 만난 사이가
되었다

김영서 시집

삶창

시인의 말

10년 만이다.

시인으로 늘 변방에 있었다.

변방의 별이 더 반짝인다는 말을 믿는다.

차례

제2부 추억

제3부 위대한 발견

제4부 복사꽃 피던 날

제1부 모스부호

모스부호

베란다에 꽃이 지고 있다
여치는 꽃이 지는 것이 안타까워
울다가 병이 났다
마침내 꽃이 지고
울음소리가 멈추었다

늦가을 분갈이를 하는데
여치가 꽃대궁에 매달려 있다
온 힘이 나무에 쏠려
몸이 하얗게 말라버렸다
울음소리가 온전하게 스며들었다

변방에 뜨는 별

할머니 셋이 별을 보고 있다
부채로 더위를 쫓으며 별을 이야기한다
쟤덜은 내가 시집오기 전부터 저 자리에 있었으니
족히 70년은 넘었지
잠깐만 기다려봐 지금 아홉 시 넘었으니
비행기 하나 지나갈 거여
용하기도 하지 시간을 딱 맞춰 깜빡이며 지나간다니까
얼마 전에 저걸 타고 중국에 다녀왔지
아마 예전에 홍콩에도 갔었을걸
구름보다 높이 날아다니니까 별처럼 보이네
처음에는 소리 없이 날아서 수수깡으로 만들었다고 했지
소독약 오토바이가 지나는 골목길에
가로등 불빛이 비껴가는 곳에
별이 되고 싶은 사람들이
비닐 방석을 깔고 앉아 이야기를 나누고 있다
우주에서 바라보면
별이 세 개 남았다

대상포진

종종 입술이 부르텄다
그때마다 생각이 많았구나 했다
옆구리에 연분홍으로 띠단이 피었다
유혹이다
신경이 한곳에 집중된다
집요하다
여기 좀 봐달라니까요
튀어야 살아남는다고
꽃으로 피고
스치기만 해도 깜짝 놀라고
살을 베어낸다 모르핀이 필요하다
홍역을 앓던 때가 떠오른다
그냥 살짝 지나가기를 기도했었다
마마는 평화주의자다
왼쪽 옆구리에 핀 연분홍 꽃을 무시하기로 했다
나는 중독되어 있다

한겨울 고물상

허리 굽은 할머니가 다녀갔다
저울 눈금이 파르르 떨었다
그림자를 끌고 가는 허리가 길바닥에 길게 늘어진다
저울에 달면 자전거가 만 원이다
만 원짜리 자전거가 외국인 노동자를 태우고 신나게 달려 간다
찬 바람이 꼬리를 물고 지나간다
전자저울 눈금이 이십 킬로 왔다 갔다 한다
바람이 많은 날은 바람의 무게를 빼고 계산을 한다
어젯밤 저울 위에 눈이 수북하게 쌓여 있는데 반응이 없다
저울 위에 눈을 치우자 마이너스로 이백 킬로가 찍힌다
저울은 밤새 눈의 무게를 참을 수밖에 없었다
무릎에서 찬 바람이 이는 밤을 뜬눈으로 보냈다
여기에 오는 것들은 상처투성이로 버려진 것들이다
고물상에서는 모든 것을 무게로 따진다
눈금이 떠는 이유다

동백여관

고물상에 누워서 잠을 청한다
붉은색이다
남쪽을 걷다가 걸음을 멈추었다
설레는 가슴은 아침까지 요동쳤다.
잠깐이었다고 말했다
집게 차가 다가오고 있다.
꽃이 피었다 진다
붕붕거리며 꿀벌이 다녀갔다
항상 새로운 것을 원했고 그때마다 옷을 갈아입었다
동백여관 간판을 머리에 두고 나른하게 잠이 들었다
골목에 불빛이 은은하다
오래된 사랑은 부드럽다
꽃잎을 덮고 잠들었다
꿈을 불러들였다
잊히지 않길 원했지만
멀리서 보면 불빛이 뒤섞인다
동백꽃은 아직 붉다

꽃 진 자리 동백기름을 바른 여인이 앉아 있다

집게 차가 웅웅거리며 지나갔다

하루해가 저물고 오래된 골목에 새로운 간판이 보인다

붉은색이다 종착지는 정해져 있다

천천히 걸었다

바람처럼 뜬다

팔순 가까운 춘자 씨 몸이 달아올랐다
봄이 왔다고 해도 그렇지
저승 문턱에서 갱년기 증상이라니
그러고 보니 봄이라는 놈이
뻔질나게 드나들던 곳 아닌가
서로 모른 체한다면 말이 안 되지
육갑으로 치면 방년이 낼모레
봄마다 꽃은 피고
나도 덩달아 꽃으로 피고
벌 나비 찾아드는 건 당연한 것 아닌가
자전거가 바람을 가른다
페달을 밟은 춘자 씨 달처럼 뜨고
번개탄 봉지가 그네를 탄다
언덕을 오를 때마다 가까워지고
뒤돌아볼 때마다 따라온다
습관처럼 욕실에서 뒤꿈치 때를 밀어버리고
사다리에 오른다

추억은 기댈 곳만 있다면 어디든지 올라갈 수 있어
고물상에도 없을 짐실이 자전거를 타고
번개탄 사러 집을 나선다
바람이 잠든 날
양다리 벌리고 언덕 아래로 내달리면
체인이 혼자서 돌아가고
지나온 생이 흑백으로 상영된다
추억이 바람처럼 뜬다

공갈 젖

새 신을 신고 마실 간다
발이 잠시 불편을 즐긴다
가죽 냄새 삼삼하게 풍기는 구두와 궁합을 보는 것이다

이웃집 댓돌에 가지런히 벗어놓았는데
강아지가 잘근잘근 씹고 있다
말라버린 젖꼭지를 빨아대듯
온몸이 주둥이다

신을 빼앗는데 강아지가 딸려 나온다
공갈 젖을 빨아대는 아기처럼
떨어질 줄 모른다

강아지와 눈이 마주쳤다
엄마 젖 외에는 모두 동냥젖이라 했는데
난 행복하게도 공갈 젖도 동냥젖도 먹어본 적이 없다

팔월

안주로 라임에 입술을 댄다
꿀벌처럼 살아왔으나
꽃의 아름다움을 보지 못했고
술집에서 농담으로 말한 것이 전부였다
생에 가장 뜨거운 날이 시작되었다
사랑이 가진 자의 것이라는 것을 믿지 않았다
집에 가는 길을 잃었다
방향을 잃어버리면 끝이라는 것을 알고 있었다
화려한 꽃밭에서 쉬고 싶었으나 약시로 태어났다
촉각에 의지해 꽃잎 속으로 들어갔다
꽃향기 나는 와인을 마셨다
혼자 먹는 술은 항상 반병이 남았다
시간이 지나자 바람이 불어왔다
술잔이 흔들렸다
향기에 취해 몸이 비틀거린다
최고의 마리아주를 찾았다

숲의 기억

혼자서 산에 올랐다
몇 해를 오르내린 길인데
사표를 던지고 나온 사무실처럼 낯설기만 했다
온몸에 땀이 흐르기 시작했다
숲이 축축하게 젖어 있었다
모기가 우글거리는 곳으로 몸을 들이밀었다
양팔을 휘둘러 모기를 쫓았으나 역부족이었다
아직 숲에 든 명확한 이유를 생각해내지 못했다

시를 쓰다가 몸살을 앓았던 기억이 있다
바쁘다는 핑계로 한동안 시를 쓰지 않았다
더 이상 시인이 아니라는 말에
시인이란 골방에 나를 가두었다
시 서른 편을 쓰고 몸살이 나서 밖으로 나갔다
그동안 먹지 못한 술을 하루에 먹었다

자물쇠를 열고 숲속에 들었다

능선을 따라가야 하는데 고개를 넘어버렸다
숲에서 길을 잃었다
출구를 찾기 위해 높은 봉우리에 올랐으나
나무에 가려 더 높은 봉우리만 보였다
해 질 무렵 숲에서 빠져나올 수 있었다
출구는 하나였다
숲에 들었으나 숲을 보지 못했다
열쇠를 숲속으로 던져버렸다

똥구멍 부은 날

똥구멍에 병이 났다
불편함이란 화장실에서
다리를 꼬게 만든다
똥구멍이 부어오르면 살아온 날을 더듬어 올라가게 된다
얼마간 밤을 새웠고, 밥을 걸렀고, 쉬지 않고 술을 먹었는지
얼마나 몸을 함부로 대했는지
몸이 피곤하면 가장 먼저 똥구멍이 부어오른다
몸을 다독일 시간이 되었다는 경고다

마음이 아프더니 입병이 났다
견딜 만하다고 애써 외면하면
아무도 눈치채지 못할 줄 알았는데
잇몸이 내려앉고 입술이 부르튼다.
몸을 속여도 똥구멍은 속을 줄 모르고
마음을 속여도 입은 속을 줄 모른다
속아주지 않는 것들이 있어서 얼마나 고마운지

나를 돌아보게 만드는 것들

똥구멍의 통증이 입안의 통증이

손톱 가시

손톱 가시가 목에 걸린 생선 가시만큼 성가시다
손을 함부로 놀렸거나
마음을 함부로 놀렸거나
손가락끼리 스침에도 깜짝 놀라 자세를 바로잡는데
엄지손가락이 살며시 가시를 쓰다듬는다
그때마다 자신이 가시였다는 사실을 잠시 잊는다

엄지손가락처럼
마음을 알아주는 사람이 있었으면 했는데
손이 먼저 가슴에 와 있다
내 몸에 손을 댄 자가 누구냐고 묻는 예수의 물음처럼
가시를 쓰다듬는 엄지손가락처럼
나도 모르게 손이 가는 곳이 많아진다

손이 닿지 않는 곳이 가렵다
온몸이 가시였는지도 모른다
서로가 쓰다듬는 것이 삶이라고

손길이 가면 모든 것이 얌전해진다고

엄지손가락은 살며시 손톱 가시로 향한다

눈물 나는 아침

울지 않는 눈을 가지게 되었다
오늘도 참새보다 먼저 눈을 떴다
손으로 더듬어 눈물을 넣고 창밖을 본다.
아직 어둠이 가시지 않았다
불을 켜면 누가 깰까 봐 조용히 어둠을 바라본다
안구건조증을 앓기 전
눈이 부셔 일어나면 그때마다 참새 소리가 들렸다
아침을 깨우는 풍경 소리였다
한시도 가만히 있지 못하고 종종거려도 눈에 거슬리지 않았다
나도 참새처럼 창문을 동쪽에 내야겠다.

동네에서 아기 울음소리가 들리지 않은 지 오래되었다
장대에 펄럭이는 백색의 기저귀가 아른거린다.
눈에 삼이 서면 엄마 손잡고 떠오르는 해를 쳐다봤다
눈물이 흘렀다
배를 잡고 웃거나 늘어지게 하품이 나올 때다

나도 모르게 울 수 있는 건 거기까지다
재잘거리는 참새 소리에 잠을 깨는 것이 희망이라서
머리를 남쪽에 두고 잔다.
아침마다 동쪽으로 고개를 돌린다.

홍자

노란 자전거를 타고 바람을 가른다
샤또 로장가시를 마시고
가는 길이 멀다고 자전거를 내준다
허물없이 마냥 좋은 친구라서
와인을 마시며 홍자에 대해서 이야기를 했다
로장가시를 닮았다고 했다
붉은 과일이 열려 있는 길을 걸었다
툭 하고 떨어진다.
농익은 것들이다.
낙엽이 수북하게 쌓여 있다
햇살이 바람에 흔들리는데
홍자는 어린애처럼 연필깎이를 가지고 놀고 있다
몇십 년 만에 타는 자전거인데 낯설지 않다
지나는 바람이 말을 걸어온다
오래된 빈티지에요 어떠했나요
등에 올라탄 화려한 피니시가 자전거를 흔들고 있다
휘파람을 불었다

제2부 추억

동지팥죽 먹는 날

농막이 있는 마을에서 팥죽을 먹는다
모두 팔순이 넘었다
동지팥죽을 먹고
늦은 양파를 심었다
팔순 넘은 어르신이 모종 구덩이를 파주었다
이장님은 경운기에 왕겨를 싣고 왔다
한 시간 지나서야
만덕이가 아니라 이장님이었네
눈귀가 개갈이 안 나
나는 어떻게 알아보고 왔냐고 했더니
좋아하는 사람은 눈 속에 박혔다니까 하고 웃는다
눈만 마주치면 웃어주는 사람들이다
어르신과 이장님과 셋이서 함께 심었으니
내년에 세 등분으로 나누자고 했다
어르신이 못 들은 척하더니
내년이라는 말에 얼굴 주름이 자잘하게 웃는다
온 마을에 계절마다 꽃이 피도록

꽃나무 심기로 약속했는데
동지팥죽 먹는 밥상에는
해가 갈수록 숟가락 숫자가 줄어든다.

삼계탕

말복 날
마을에서 삼계탕 잔치를 열었다
뜨거운 날 뚝배기 안에 어린 닭이 삼매에 들었다
얼른 드시라는 성화에 젓가락이 머뭇거린다
젓가락으로 가부좌를 풀었다
배 속에서 사리가 쏟아졌다
해탈이다
국물 한 방울도 남기지 않고 먹었다
오늘 온전하게 어린 부처를 온몸으로 모셨다
마을 사람들 모두가 식구였다
공동체 회복이라는 화두를 들고
욕계에 서성이는 내가 부끄러웠다
세시풍속을 거르지 않으면 최고라는 말에
합장으로 예를 갖춘다

종이는 온몸이 관절이다

개구리가 폴짝거린다
검지가 꽁무니를 따라다닌다
참새도 날개를 접고 폴짝거린다
내 꽁지를 건드리지 않겠니
몇 번을 접어야 뜀박질을 할 수 있나요
색종이로 개구리를 접으며 아이의 눈동자를 본다
뛰고 싶으면 다리를 접고
날고 싶으면 날개를 접으면 된다고 말하려 하는데
아이의 입술이 옴작거린다
개구리가 말을 하려면 몇 번을 접어야 하나요
입술이 근지럽다
색종이를 접다 멈춘 주름이 입술에 가득하다
나를 바라보는 눈동자
입가의 미소로 주름이 펼쳐진다
다가오는 파장도 주름이다
아이는 온몸이 질문이다
무수한 반복의 흔적이다

장롱 속 추억

일요일 아침이다
아직도 이불 속에서 뭐 하는 거냐는 말에
자동으로 쓰레기봉투를 들고 나선다
현관문 손잡이 밑에는
솜틀집 전화번호가 붙어 있다.
보따리를 보는 사람마다 한마디씩 얹어준다
장롱 속에 모셔놨는데
버려버리자고 말 꺼내기가 어렵다
누군가 먼저 꺼냈으면 좋은 말 중에 하나
버려버리자

한 사람을 만날 때마다
보따리는 물먹은 솜처럼 무거워지고
가물가물했던 추억이 살아난다
목화꽃을 따 먹다 혼쭐났던 기억
신혼 첫날밤에 덮었던 포근함
솜틀집에 맡기면 누비옷 몇 벌 덤으로 지을 만큼 부풀어

올랐지
그런데 지금 누가 솜이불을 덮고 사나
버려버리자

솜틀집 전화번호를 떼어내며,
'누가 아직 솜이불 덮고 사나'를 반복으로 읊조린다.
마누라 눈치를 보며 몸이 빠져나온 이불 속으로 들어간다
온기가 아직 그대로다
아내는 장롱을 열어놓고 무엇을 골라낼까 고민을 하는 중이다
솜이불 버리는 데 30년 걸렸다
이불 속에서 혼자 중얼거린다.
아직도 장롱을 끼고 사나

짝짝이 양말

옷장 서랍에 양말을 모아놓았다
빨래를 갤 때마다 툭툭 튀어나오는 짝 없는 양말이다
짝이 생겼을까 서랍을 뒤집었다
닭이 서랍에 들어가 발짓으로 헤집는다
짝 없는 설움을 아느냐고 물었다
빨간 지렁이가 나왔다
부리로 짧게 잘랐다
노란 병아리들이 뛰어들었다
서로가 닮았지만 모두가 수컷이다
붉은 지렁이 토막이 바닥에 뒹군다
지렁이 토막으로 양말을 만들어 신었다
따라오는 병아리가 한 마리도 없다
짝짝이 양말을 만드는 디자이너는 없지만
짝 없는 양말이 계속 늘어나는 이유는 분명히 있을 것이다
유행을 기다리며 서랍에 들어가 가만히 누워 있는
병아리가 그려진 양말과 줄무늬 양말을 신고 밖으로 나
선다

유행을 기다리기엔 짝 없는 사람들이 너무 많다

모르는 사이

반가운 할머니가 다가온다
인사를 했는데 고개를 갸우뚱하며 스쳐 지난다
혹시 삐치셨나 했다
지난해 초대를 받았었다
밥 한 끼 꼭 해 먹이고 싶다고 했었는데
아직까지 가지 못했다
요양원에 들어갔다는 소식을 들었다
나를 기억하지 못하는 할머니와 한참을 이야기했다
스물셋에 만난 서방을 엊그제 떠나보냈다
잃어버린 것들이 너무 많아 요양원에서 살고 있다
모든 것을 버릴 때가 됐다고 생각은 드는데
붙잡고 싶은 것이 많다. 당연하지 않으냐
잃어버린 만큼 새로운 것들도 너무 많다고 했다
우리는 새로 만난 사이가 되었다
내일이면 모르는 사이가 되겠지만
세상을 무심한 눈길로 받아들이기까지
얼마나 버리고 비우는 것을 반복했을까

메모리가 고장 난 것이 아니라

담을 것이 많아 비워둔 것이다

환생을 믿는다

무지개가 뜨는 꿈을 꾸었다
힘이 다한 연어는
가만히 있어도 몸이 떠내려갈 만한 물살을 찾는다
기억하던 것들은 남고
몸은 강물에 흩어질 것이다
수만 리를 돌아오며 꽉 다물었던 입이 크게 벌어지면
수천 생명이 환생을 준비한다.
다시 입을 다물면 몸이 뒤집힌다.
해탈의 순간이다

다 늙어 기울어진 목어 몸통에
새가 둥지를 틀었다
하루에 수십 번씩
새끼들이 입을 벌린다.
그때마다 몸이 흔들렸다
몸속을 드나드는 것이 있다는 사실에
눈을 한 번도 감지 않고 새끼들을 돌봤다

새가 둥지를 떠난다.

목어가 환생하는 순간이다

목련

평생 꽃잎을 떠받들고 살았다
돌팔매가 쏟아져 무덤이 될 때도 꽃잎은 질 줄 몰랐다*

함박눈 내리는 밤이었다
꽃잎을 사슴 가죽보다 든든한 솜털로 감싸고
함박눈을 맞으며 목련존자처럼 선정에 들었다
눈 쌓인 가지가 휘영청하다
아름답게 피었다

눈보라가 몰아치는 아침이었다
인기척이 끊기고 나무는 눈꽃을 피웠다
선정에 들면 하늘에서 꽃비가 내린다고
꽃 피우는 일이 업이니
신이차를 만드는 누이들아 활짝 핀 봉오리는 따지 말아라

봄이 오면 모든 것이 부풀어 오른다
목련꽃 바라보며

차를 끓이는 누이들이 아름답다
아름다운 것만 보고 살았으니
꽃처럼 아름답게 피는 것이 일이다

* 목련존자의 죽음에 얽힌 설화.

검은등뻐꾸기

미미미도 미미미도
허공에서 피아노 건반을 두드린다
아저씨 귀에는 홀딱 벗고 좋을시고 홀딱 벗고 좋을시고
아줌마 귀에는 지랄하고 자빠졌네 지랄하고 자빠졌네
네 음절이 인생의 전부라면
탁란이 운명이라면
입으로 업을 푸는 중이다
아직도 네 음절밖에 익히지 못했거나
숲속의 건반이 네 개이거나
네 개의 숲이 외마디소리를 내거나
사자 진언이거나
몇 생을 울면
보이지 않는 곳에서
숲과 내 몸을 울림통으로 만들 수 있을까
몇 생을 울어도 업에서 벗어날 수 없다면
울기 위해 탁란을 선택했거나
미미미도 미미미도

산다는 거 참 힘들거나
홀딱 벗고 홀가분하게 떠나거나
지랄하고 자빠져도 좋을 거나

고추나방

밥상 위에 짬뽕이 촉각을 자극해요
금연이 필요해요 하하하 웃지 말아요 입 냄새 지독해요
전생은 담배 냄새 풀풀 나는 담배나방
고추밭에 실한 놈들이 내 아이들 침실이라오
생각만 해도 엔도르핀이 돌아요 토실토실한 잠든 애벌레

흔들지 마세요
짬뽕 국물이 넘칠 것 같아요
빨간 국물 맘껏 벌어진 홍합 아래
하얀 애벌레 똬리 틀고 앉아 있어요
난 붉은 옷을 좋아해요

불 맛 담아내는 주방장이 땀을 흘려요
매운맛에 따끔거려요
자극적인 것이 좋아요. 짬뽕값이 싼 것은
농부가 게으른 탓이 아니라니까요

자장가를 불러주세요

산뜻한 바람이 밭고랑 타고 불어옵니다

오늘은 붉은 침대 속에서 잠을 청하고

내일은 땅속에서 긴 잠을 청해야 할 것 같아요

매운 짬뽕을 찾는 사람이 늘어난다고 하네요

라면 먹을래요

퇴근길에 라면 한 개 사 들고 가는데
시선이 따갑다
여행길 컵라면 챙기듯 가벼움인데
라면 먹는 것이 죄스러운 일인가
시련과 곤란을 함께한 시간이 길다
하루 두 끼 라면으로 먹다가
헛구역질이 나오면
국물을 버리고 우유를 부어 몸을 달랬다
슈퍼 진열대에 라면이 수북하다
오늘 저녁 라면 먹는 사람들이 많다는 증거다
라면 먹고 갈래요란 말이 유행을 탄다
내일부터는 두 개씩 사야겠다

말랑말랑

꼬챙이라는 말이 싫다
부시깽이라는 말도 싫다
치우고 갈 돌부리였다
나는 여전히 여리고 말랑말랑하다
변하지 말길 기도했고 앞으로도 그럴 것이다
닿는 것마다 딱딱하고 뾰족했다
변하길 바랐으나 더욱 단단해졌다
나는 온몸이 촉수다
움츠릴 줄 알고 돌아갈 줄 안다
세상은 날 보고 단단해져라 단단해져라 하는데
아장아장 걸음마를 배우는 아기의 발
입 모양에서 나오는 옹알이처럼
여리고 부드럽고 말랑말랑하다
가뭄을 이겨내고 고개를 내밀었다
세상이 어리둥절했다
작대기는 아직도 무섭다
딱딱한 것에는 믿음이 안 간다

능금 예찬

여자가 나무木를 본즉 먹음직하고 보암직하고 탐스러웠다*

욕망의 시작이었다
손이 저절로 가는 열매였다
태어날 때부터 웅크리고 있었다
단맛이 돌면 몸이 붉어졌다
세상에 단내가 넘쳤다
가로로 자르면 별이 보이고
세로로 자르면 심장이 보인다
웅크린 자세를 스스로 풀면
다섯 개의 방문이 열리고 열 개의 씨앗이 세상에 나온다
암수의 구별이 없다
그래서 능금나무도 성별이 없다
능금은 아가씨가 아니다
다만 예뻐야 한다는 것을 알고 있었다
태초에 아가씨처럼 예뻐서
저절로 예뻐지는 비결을 지니고 있다

* 창세기 3장 6절. 능금을 '내(柰)'로 표기.

제3부 위대한 발견

위대한 발견

저녁마다 운동 삼아 걷기를 한다
걸음걸이가 시선을 받는다
아내의 보폭이 작아 남편은 늘 불만이었다
남편에게 맞추려 열심히 걷는다
남편은 속도를 맞추다 보니 어슬렁어슬렁
걷다가 뒤꿈치를 들고 걷게 되었다
슬슬 걸어도 아내만큼 땀방울을 흘린다
밤마다 서로 등을 내미는 나이가 되어서
자세 하나 바꾸었는데
허리가 꼿꼿해지고 어깨가 펴졌다
아내와 늙어가는 속도가 같아졌다

독사

니의 몸은 차갑고 징그럽다
혓바닥 날름거리며
내 몸을 칭칭 감아 오르는 차가운 몸뚱어리
너를 위해 선악과나무를 뿌리째 뽑아버렸다
에덴을 불살라버렸다
이제 돌아갈 곳도 없고 더 이상의 유혹도 없다
태초에 남은 것을 이빨에 감추었다
내 목을 물어뜯을 일만 남았다
생각만으로 온몸에 전율이 흐른다
잠깐 아팠지만
심장을 향해 흐르는 독을 느끼는 중이다
칭칭 감은 차가움이 몸을 조여온다
뼈를 으스러트릴 것 같은 팽팽함
내 몸뚱어리가 통째 뱀 속으로 들어간다
단단히 조여드는 거문고 현이 스스로 운다
비늘이 햇살에 반짝인다

살아 계신 하느님

하느님이 이토록 나를 사랑하셔서 내가 살아 있다
새벽마다 깨어서 기도를 하는 아내 소원이
손잡고 교회에 나가는 것이라고
예나 지금이나 교인들 하는 일이 기가 막혀 코웃음 치다가
그래도 아내 부탁이라 따라나섰다
교회 문턱에서부터 모두가 나를 알아본다
우리 영서 잘 왔다고 이름을 부르며 탕자를 환영한다
잠깐 예배만 드리고 나오면 되는 줄 알았다
역시 나는 탕자가 어울린다
농담으로 하느님을 장인이라 불렀었는데
아내는 내가 가난하게 살고 있는 이유를 말해줬다
돈을 많이 벌었다면
계집질 술타령에 몸과 마음이 온전하게 남아 있었을까
하느님이 이토록 사랑하셔서
돈 말고는 부족한 것 없이 아직까지 멀쩡하게 살아 있는데
하느님이 나를 이렇게 사랑하셔서
시인으로 살게 해주었는데

하느님이 세상을 이렇게 사랑하셔서
탕자를 위하여 하느님이 살아 계신다고

꽃씨

담장 아래 피었던 꽃들을 기억하며
이 동네 저 동네를 기웃거리지
씨가 여물기를
사랑을 어떻게 잊었느냐고 했더니
묻었다 했다
아주 깊숙이 묻었다 했다
봉숭아 채송화 맨드라미 씨앗을
편지 봉투에 담는다
꽃씨를 찾는 사람이 있어 마음이 흐뭇하다는 말씀에
생각만 해도 가슴이 뛰는걸요
담장 아래는
버리지 못하고 묻어버린 것들이 많아요
해마다 꽃이 피고 지고
눈길이 서성이고

풍선껌

껌을 씹으면 추억이 따라붙는다
담벼락에 기대어
한쪽 다리를 떨며 풍선을 불어댔다
문기둥에 붙여놓았다 다시 씹어도 좋은
풍선이 터져 코끝에 붙으면
손가락으로 떼어 입속에 구겨 넣었다
터지지 않으면 금방 쭈그러드는
구멍가게에서 희망을 낱개로 파는 세대를 살아왔다
풍선껌 하나는 너무 아까워 반으로 나누었다
그때 언덕 넘어 구름처럼 사랑이 찾아왔다
어린 사랑은 뭉게구름 같아서
볼 수만 있어도 뛸 듯이 좋았다.
그녀가 보이지 않는 날은
아귀가 아프도록 껌을 씹고
풍선을 불어댔다
추억은 씹던 껌이라도 좋다
지금도 뭉게구름 피는 하늘을 보면 가슴이 뛴다.

안마 의자

안마 의자가 길거리에 나와 있다
견장으로 5천 원짜리 폐기물 딱지를 달았다
차가 지날 때마다 불빛에 낙인이 반사된다
앉았던 사람이 먼저 떠난 것이 분명하다
팔걸이에 리모컨이 꽂혀 있고 전기 코드도 멀쩡하다
누가 봐도 고장이 아니라 유행 지난 것이다
의자에 앉았던 사람은 모두 죽을 것이다
떠난 사람도 알고 있었던 일이다
낙인이 찍혔으니 동트기 전 사라질 것이다
기다리는 동안 나뭇잎이 살며시 내려앉았다
마지막 인연이다
이렇게 가벼운 생이 있을까
펴본 적 없는 다리를 바람이 스치고 지나간다
공중 부양 중이다
트럭 위로 아무렇게나 던져졌다
전기 코드가 허공에서 헛손질이다
안마 의자가 사라졌다

질긴 놈들

한파주의보가 울렸다
날이 어두워지자
사람들이 삼삼오오 모여들었다
불을 피우고 어묵탕을 끓였다
읍내에 모여 촛불을 든 농민들에게
어떤 사람은 업이라고 했고
어떤 사람은 본능이라 했다
뜨거운 국물로 언 몸 녹였다
국물 바닥내고 집으로 가는 길
몇몇은 술집으로 향했다
마셔도 취기가 오르지 않는 밤
이대로 무너질 수 없는 일이어서

가슴이 반쪽 남은 사람끼리 모였다
누군가 술집 담벼락에 낙서를 해놨다
쫄지 마 질긴 놈이 이긴다

춤바람

춤바람에 대하여 아직도 모른다
한 발 들여놓으면 바람이 난다는 춤에 대하여
3년이 지났는데 아직도 모른다
몸치 음치 박치로 태어났으니
몸과 마음과 음악이 따로 놀았다
행사장에 갔다가 각설이 공연에
몸이 저절로 움직였던 적이 있었다
흠칫 놀랐다
에라 모르겠다 몸이 가는 대로 마음을 맡겼어야 했을까
연습할 짝이 없으니 학원 3년에 춤이 늘지 않는다
대머리라 짝이 없다고 했다
머리가 나니 실력이 없어서 그렇다고 했다
사주를 보는 보살이
남자는 재와 색이 한 묶음이라고 한다
춤을 추면 춤과 바람이 난다고 하는데
한곳에 적을 두지 못하는 것이
바람나긴 다 틀린 것 같다

알츠하이머

오늘도 할아버지 한 분이 돌아가셨다
돌아가기 위해 준비하는 것을 보았다
문을 열고 나올 때처럼 주름이 온몸에 가득 차고
젖 먹기 좋게 잇몸만 남았다
자식도 몰라본다고
망령이 났다고 그러는데
아니다
정신까지 온전하게 아기가 되어가는 중이다
음택은 음문의 형상을 명당으로 하는데
열고 나왔던 문의 암호를 기억하려면
아기가 되어야 한다
아기처럼 순해져야 한다

간격

해 질 무렵 술집에 갔다
오랜만에 술 한잔하는 친구
반은 데워서 마시고 반은 주전자를 얼음 위에 놓았다
시간이 흘렀으리라 했는데 해가 지지 않는 이유가 있었다
자리마다 봉창을 두고 불을 밝혀놓았다
분명하게 낮술을 먹은 것이다
미투에 대한 이야기를 했다
고백하지 못한 말 때문에 날아간 사람
선명하지 못한 기억으로 날아간 사람
서툴지 않았다면 좋았을까
고백하지 못한 것도 사랑이었을까
기억하지 못하는 것도 사랑이었을까
봉창이 있는 술집에는
서툰 이야기도 타박을 하지 않아서 좋다
그러고 보니 너나 내나 얼굴에 주름이 늘어난다
세월의 흔적을 사랑하지 않으면 어찌할 것인가
오늘을 사랑하지 않으면 어찌할 것인가

해가 지지 않는 술집에서 사랑을 이야기한다

새마을호 열차

객실 밖에 쪼그리고 앉았다
검표원은 좁은 자리를 헤집고
철도 파업으로 간신히 구한 입석 표를 찾아다녔다
덜컹거림과 삐져나오는 마찰음이 거슬린다
거울이 이어폰 낀 여자를 뚫어져라 바라보고 있다
여자는 입김으로 거울을 닦아낸다
거울 속에서 나를 바라보는 아버지를 보고 흠칫했다
어디쯤 가고 있는 것일까
바깥 풍경은 어떠할까
간간이 일어나 창문을 기웃거렸다
기차가 흔들릴 때마다 한통속으로 리듬을 타고
광화문 촛불이 핸드폰 화면으로 뜬다
쪼그리고 앉아 잠을 청했다
오막살이집으로 규칙과 반복으로 다가오는 자장가 소리
기차가 리듬을 타고 달린다
오로지 달려야 하는 것이 운명이라고
나는 종착역에 내리고 기차는 다시 떠났다

보이는 세상이 꽃밭이었으면 좋겠다고 주문을 외운다
핸드폰으로 주문이 발송된다

명자야 같이 살자

구절초밭을 매는데 키 작은 나무가 서성거린다.
혼자서 뭐 하는 거냐고
밑동까지 싹둑 잘랐더니 잔가지가 많아졌다
자를 때마다 부피가 커가는 나무에 대하여 생각을 했다
몸에 가시가 달려 있어 가까이하기에 거북하고
구절초보다 먼저 커서 눈에 거슬렀다
동네 아줌마가 명자나무라고 했다
여기는 밭이 아니라 동산이었다
명자는 집 안에 키우면 큰일 나는 것이어서
동산 울타리에 심어놓고
보는 사람마다 예쁘다 그랬다
밭으로 개간하면서 잘라버렸는데
봄마다 싹트는 것이라고
그것도 모르고 구박을 했으니 얼마나 속상했을까
올해는 건실한 가지 하나를 키우기로 했다
너무 예뻐서 울안에 두지 못하고 아가씨라 불렀던
명자야 같이 살자

봄마다 구절초밭에 피는 명자꽃을 만나기로 했다
예쁜 것이 구박의 이유라니
누가 뭐라든 내년 봄에는
집 안으로 명자를 모시기로 했다

제4부 복사꽃 피던 날

산삼

산에 삼씨를 뿌린다
눈뜬 씨를 땅에 묻는데
성질 급한 놈 벌써 놀란 바지락처럼 제 살집을 물고 있다
옛날엔 사람이 씨를 뿌리지 않았다
스스로 떨구어 식구를 늘리고 남은 것은 새가 물어다 날랐는데
새가 물어다 나른 놈은 서출 대접을 받았다
스스로 떨군 것은 천종이고 새가 나른 것은 지종이고
사람이 나른 것은 인종이 되었다
누구는 꿩에게 씨를 먹여 사슴 가죽 장갑을 끼고 씨를 뿌린다는데
그런다고 종자가 바뀌나
요즘은 심마니가 왜 그리 많은지
오월이면 심마니를 관광버스로 풀어놓는다
산에 삼씨가 말랐다
어제 심은 자리에 가보니 알맹이가 없다
일주일은 새가 먹고 삼 년은 들쥐가 먹고 오 년은 인쥐가

먹는다

아직 땅이 풀리기 전이다 삼씨를 심으려 땅을 헤집으면
나뭇가지가 눈을 뜨지도 않았는데
호미를 들이밀기 무안할 정도로 눈을 부릅뜬 것들이 천만 개다
천수천안이 하늘에만 있는 것이 아니었다
별처럼 총총한 지하의 눈
그들이 지켜보는 속에서 천분의 일로 살아남는
산삼을 캤는데 임자가 없다
혹시나 하여 술에 담가놓았는데
해가 바뀌어도 술과 삼이 섞이질 않는다
하기야 산속에서 몇십 년 도 닦은 몸 아닌가
이 정도는 되어야 하지 않을까 하고 사십 도 소주를 부었더니
달포 만에 잎이 하얗게 꽃처럼 피고
술이 누르스름하게 익어버렸다
한 잔 머금으니 이런 이런 독한 것들끼리 엉키는 맛이라니

인생이 향기롭지 못한 것이 독하지 못한 탓이었다면
우리 집에 마실 오시게 산삼주 한잔 어떤가

도청 장치

침대에서 떨어져 입술이 찢어졌다. 비릿한 맛을 보며 흘러가는 달을 본다. 냉장고 안에 내가 울고 있다. 문을 열자 제일 먼저 고요가 지나갔다. 갇혀 있던 것들이 쏟아져 나왔다. 옷자락을 끌고 다니는 혼령의 소리가 들렸다. 귀먹은 할머니가 잠 설치는 사연을 듣고 나왔다. 귓속에 귀뚜라미가 살고 있다고 한다. 할머니는 냉장고에 말을 거는 것이 일과다. 마주 보고 한참을 말하면 메아리가 들린다. 서성이는 혼령의 옷자락과 메아리를 넣고 문을 닫았다. 찰귀 먹은 할머니에게 가두는 것이 아니라 봄날 아지랑이처럼 내가 밖으로 나가는 거라 했다. 침대에서 굴러떨어진 것이 한두 번이 아니다. 사각의 침대가 낯선 나를 밖으로 밀어내고 있다. 오늘은 달덩이와 내가 한 몸으로 출렁이자 주파수가 틀린 라디오처럼 침대가 삐걱거린다.

졸업 사진

모영희 서미순 임향순 윤현주 임향민 강미나 최월순 최재민 신경화 조병녀

모영례 김기분 이양희 강현식 이희수 박승덕

김윤호 박정서 박승만 박갑식 양재균 최재걸 김희연 이민희 최병묵 이상기

이우 최병학 이광재 이재식 황선식

김명자 진찬숙 최미희 임선희 김선자 임경선 이인숙 임유진 김영출 이금숙

주영희 김정숙 임영미 오경미 황선희 이영길

류성위 김명제 박시홍 김영서 이광열 정건원 서동식 원창재 김종환 이성주

오윤수 정영일 임춘수 이상성 오홍근

초등학교 졸업 사진을 보고 있다. 기억은 1977년 2월에

머물렀는데 벌써 50대 후반이다. 먼저 떠난 친구들이 다섯 명이다. 친구 이름 불러본다. 죽기 전에 한번 보고 싶다. 모영희 서미순 임향순 윤현주 임향민 강미나 최월순 최재민 신경화 조병녀 모영례 김기분 이양희 강현식 이희수 박승덕 김윤호 박정서 박승만 박갑식 양재균 최재걸 김희연 이민희 최병묵 이상기 이우 최병학 이광재 이재식 황선식 김명자 진찬숙 최미희 임선희 김선자 임경선 이인숙 임유진 김영출 이금숙 주영희 김정숙 임영미 오경미 황선희 이영길 류성위 김명제 박시홍 김영서 이광열 정건원 서동식 원창재 김종환 이성주 오윤수 정영일 임춘수 이상성 오홍근

목신

마을 한가운데 어른 서 계시다
꼼짝 않고 서 계신 지 오백 년이 넘었다
가슴 활짝 열어놓고 살았다는데
그 속에 신이 들어 산다느니 스스로 신이 되었다느니 그러는데
6·25 때 구멍 난 가슴에 짚단 쑤셔 넣고 불 질렀는데
죽지 않고 용케 살아남았다
바람이 찾아와 한참 울다 간 날
묵은 가지를 스스로 버렸는데
껍데기만 남은 몸통에 새싹 돋아 두 팔 벌리고 서 계신다
사람은 백 년 살면 망령이 드는데 나무는 백 년 살면 신령이 든다고
진물 내어 벌레 키우고 품속으로 새 불러 모으고
그늘 아래 마을 노인들 불러들인다
목신을 살린 것은 켜켜이 쌓인 말들
사람이 새들이 바람이 하는 말들
오늘도 마을 어르신들 목신 그늘 아래서 말을 건네고 있

는데

모두 묵은 말들이다
마을에 아기 울음소리 끊긴 지 오래
신은 사람보다 외로움을 많이 탄다고
노인들 마을 떠나는 날 목신도 떠날 것이라고
오백 년 넘게 묵언수행 중이다

몽상가

예산역에서 딴산 가는 길
국사봉에 코끼리가 살고 있다
기찻길 넘어 개울가에 잠들어 있는
코끼리 코는 날씬하다
들판 한가운데 태초부터 살았다는데
얼마 전 사진작가 앵글에서 우연히 발견된 것
이듬해 봄까지 갈대꽃이 휘날리는 것
안개 속을 지나며 기차가 경적을 울리는 것
코끼리 등으로 별이 쏟아지는 것
늙어가는 나를 물끄러미 바라다보는 것
어렸을 적 국사봉에 가려면 목가교를 건너야 했다
외나무다리였다
다리를 찾는 건 동네 사람 빼면 사진사였다
눈에 보이지 않는 것을 찍어댔다
코끼리가 하는 일은 꿈을 꾸는 것이다
가끔, 놀란 고라니가 뛰어다니지만
꿈속을 벗어나지 못한다

목가교를 건넜다

어린아이였다

꿈속으로 가는 길은 외길이었다

한참을 걸었다 생각보다 다리가 길었다

지나온 다리가 물살에 떠내려가는 것을 보았다

코끼리를 찍는 사진사를 찾아가기로 했다

집이 필요하다

올부터 이장님 목표가 집을 짓는 일이니
주말마다 흙벽돌 몇백 장씩 찍어 말리자고 한다
집을 짓는 일이란
일생일대의 일이어서 숙연해지는 말이다
어릴 적 사랑방살이한 일이 많았다
처음으로 집을 짓던 때
조무래기들이 볏짚을 넣은 황토 반죽에서 뛰어놀아도
아버지는 입꼬리가 내려갈 줄 몰랐다
우선 집 한 채 뚝딱 지어 나에게 주고
한 해에 한 채씩 지어
한달살이라도 좋으니
젊은 사람 마을에 오게 하는 것이 꿈이라고
꿈이란 건 마냥 좋은 것이라서
벽돌을 찍어서 높이 쌓아놓으면
입꼬리가 벽돌 높이만큼 올라가고
혹시 소문이 돌아서 벽돌 체험 한다고
마을에 애들이 몰려올지 모르니

손님 맞을 준비도 해야지
마당이 있는 집 한 채 갖는 것이 소원이었다
아침 일찍 마당 쓸고 멍석 깔아놓고
이웃과 함께 별처럼 널브러져도 좋겠다
벽돌 찍을 계획만 세웠는데
벌써 밤하늘에서 별이 쏟아질 기세다

귀가 자라는 벽

얼마나 울었는지 온몸이 흥건하다
누군가는 소리를 지르고 누군가는 머리를 쥐어박고
가슴 치듯 두드리고 술 취한 것들이 오줌을 지리고
철없는 것들은 낙서를 하고 입김이 솟아오르는 날
벽은 소리 없이 눈물을 흘리고 있다

지난밤 벽에 대고 고백한 것들은 모두 거짓이 되었다
그렇게 한 세대가 흘러가고
허물어진 벽을 다시 쌓아 올리고
벽 앞에서 눈물을 흘리는 것은
귀도 입도 없는 것이 위안이 되기 때문이다
힘들고 안타까운 것이 면벽수행이라고
우리 집 안방 담벼락은
마음 졸이며 눈물을 흘리고 있다

눈물로 해석한 것을 감정의 오류라고 적는다
어쩌면 목마른 자의 혀끝을 적셔줄

감로라는 사실
벽은 자신의 몸에서 귀가 자라고 말문이 열릴 때까지
울음소리를 저장하는 중이다

이화에 월담하고

배꽃 만발한 동네에 난리가 났다
봄바람에 벌들이 가출하자
진갑 지난 노인들이 꽃을 본다

봄이라는 것 말이다
가슴 두근거리는 것 늙어도 변할 줄 몰라
지금이야 종자 개량한다고 오랜 것 캐버렸지만
저쪽 끝머리 밑동 굵은 것들 보이지 고목에 가까운 것들
흐드러진 꽃 좀 봐 달밤이면 최고지

세상이 온통 씨를 보는 중이다
바람이 나르고 벌 나비가 옮기고
급하면 사람이 전해준다
바람이 자고 벌들이 돌아오지 않으면 말이다
봄마다 늙은이들 바빠지겠지

불면

세상에서 가장 큰일은
그림자를 오른쪽에서 왼쪽으로 옮기는 것
세상의 초침을 한꺼번에 움직이는 것
새날이 올 때까지 흔들리지* 않는 것

사랑은 지나가고
출렁이던 물결이 제풀에 지쳐 잠잠하고
밤마다 무거운 눈꺼풀로 혼백이 나뉘는 것을 보네
이리저리 끌려다니네

허약하였으므로
세상에서 가장 큰일은
끌고 다니는 것들의 손목을 뿌리치는 것
가위에서 벗어나 평안하게 잠드는 것

* 〈임을 위한 행진곡〉 중에서

꼬리에 대하여

흔들고 지나는 것이 꼬리의 생이라면
물살에 휘말려 넘어지는 것이 사내의 명이다
꼬리 치는 여자를 조심하라
저년은 아홉 개나 된다
그녀가 지나간 마을마다 전설이 생겨났다
꼬리라는 말에 설레는 건 어쩔 수 없지 않은가
흔들지 않으면 사랑도 없고
흔들기 위하여 고난을 견디는 나라가 있지 않은가
강아지도 흔드는 것을 최고의 예로 안다
날개는 퇴화하고 꼬리는 진화될 것이다
살다 살다 안 되면 꽁지 빠지게 도망갈 것이다
털 빠진 닭이 닭장 밖을 서성인다

안녕하세요

안부를 묻는 전화가 왔다
어찌 지내는가 별고는 없으신가
무심히 나온 말이 와선 중이라네
덕분에 행복하다네 하루가 아름다웠다네
이렇게 말하고 전화를 끊었지만
선정에 들기가 말처럼 쉬운가
유혹에 가장 가깝다는 와선
깨어나지 못하면 그대와 영영 이별이라고
가위눌리는 것이 생이라면
안부를 묻는 것 죽비 소리다
오늘 하루 행복했으면 좋겠다
와선의 목적이 단잠이었다는 것
두 다리 쭉 뻗는 것이 선정의 경지라는 것
오십에 실업자 되어 알게 되었다
그대 밤새 안녕하신가

피아노 조율사

중고 피아노가 거실에 들어왔다
또래들이 교복 입고 학교 갈 때
초등학교 급사였던 소녀가
사십 년을 벼르다가 들여놓은 것이다
아침부터 잃어버린 소리를 찾아야 한다고 조율사를 불렀다
조율사는 햇살 속에서 능숙한 솜씨로
오래전 교장 사택에 울려 퍼지던 소리를 끄집어냈다

피아노는 거만하게 거실을 점거하고 있다
건반을 두드리면 그녀의 몸에 날개가 돋았다
그녀는 육중한 몸에 기대어 있기를 좋아했다
눈을 반쯤 감고 방 안을 날아다녔다

오늘은 내가 거실의 주인이었음을 말해야겠다
달빛 아래 피아노가 보는 앞에서
아직은, 온몸이 팽팽한 현으로 이어져 있다는 것을

온몸이 건반이라는 것을

피아노 조율사처럼 잃어버린 화음을 찾아

현을 당기고 조여야겠다

복사꽃 피던 날

햇살과 바람이 과수원으로 향한 날
아버지는 동쪽으로 뻗은
복숭아나무 가지를 꺾어 들고 집으로 들어왔다
울면서 동생 등을 내리쳤다
등에서 꽃잎이 떨어졌다
동생도 울면서 복사꽃 활짝 핀 과수원 속으로 달아났다
복사꽃 바람에 날리던 날이었다
그라목손* 뚜껑이 열려 있었다
동생 몸에서는 푸른 잎이 돋았다
온 가족이 울어야 했다
푸른 잎을 헤치고 아버지는 복숭아 두 개를 따왔다
동도지 두 개를 항상 곁에 두고 살았다
복사꽃 지고 푸른 잎이 돋으면 눈물을 보이던
아버지는 복숭아나무를 베어버렸다
아버지가 돌아가신 후
동도지 챙기는 것을 잊지 않았다
마당에 피는 복사꽃을 보고 싶었다

보고 싶었다 그렇게 세월이 흘렀다

* 지금은 생산이 중단된 맹독성 제초제. 농촌에서 이를 마시고 자살하는 일이 많았다.

시인의 정체성

1. 시인

지난해 오랜만에 작가 모임에 다녀왔다. 한동안 시를 내놓지 못한 나에게 쓴소리가 들렸다. '시를 쓰지 않으면 시인이 아니다.' 그러고 보니 시를 쓴 지가 오래되었다. 목구멍이 포도청이라는 핑계는 생각하지 않기로 했다. 끼리끼리 모이는 곳에 이물질로 끼어든 것이 아닌가 하는 생각이 들었다.

첫 시집을 엮을 때 생각이 났다. 노가다를 다니던 시기였다. 국제통화기금(IMF) 외환위기 때였을 것이다. 살고 있는 지역에 일자리가 없어 일산 쪽에서 노가다를 했다. 한 푼이라도 더 벌기 위해 야방 생활을 했다. 몸이 천근이어도 시간을 내어 시를 찾아 읽어야 마음이 안정되고 시 한 편을 쓰고 나면 간조 타는 날처럼 좋았다.

옛 생각을 더듬으며 다음 모임에 동질성을 느끼기 위하여 시를 열심히 쓰기로 했다. 다행히 몸은 시를 기억하고 있었다.

혼자서 산에 올랐다
몇 해를 오르내린 길인데
사표를 던지고 나온 사무실처럼 낯설기만 했다
온몸에 땀이 흐르기 시작했다
숲이 축축하게 젖어 있었다
모기가 우글거리는 곳으로 몸을 들이밀었다
양팔을 휘둘러 모기를 쫓았으나 역부족이었다
아직 숲에 든 명확한 이유를 생각해내지 못했다

시를 쓰다가 몸살을 앓았던 기억이 있다
바쁘다는 핑계로 한동안 시를 쓰지 않았다
더 이상 시인이 아니라는 말에
시인이란 골방에 나를 가두었다
시 서른 편을 쓰고 몸살이 나서 밖으로 나갔다
그동안 먹지 못한 술을 하루에 먹었다

자물쇠를 열고 숲속에 들었다
능선을 따라가야 하는데 고개를 넘어버렸다
숲에서 길을 잃었다
출구를 찾기 위해 높은 봉우리에 올랐으나
나무에 가려 더 높은 봉우리만 보였다

해 질 무렵 숲에서 빠져나올 수 있었다
출구는 하나였다
숲에 들었으나 숲을 보지 못했다
열쇠를 숲속으로 던져버렸다

—「숲의 기억」 전문

2. 이웃

마을이 비어가고 있다. 60대 이하가 한둘밖에 없는 마을이 허다하다. 10년 후에는 어떠한 모습일까? 생각한 것이 마을 환경을 깨끗하게 하고 이웃끼리 오순도순 행복한 마을을 만들어 자식들과 귀농·귀촌을 희망하는 사람들이 찾아오게 만드는 것이다. 마을에 쓸 만한 것은 무엇이 있는지 살펴보고 무슨 사업을 하면 돈도 벌며 재미있고 즐거울까?

한 마을에 정착하기로 했다. 정년이 가까워오는데 마을에 들어가면 제일 젊은 사람이 된다. 이장님이 올해 75세인데 해가 갈수록 일이 많아진다고 하신다. 늘어나는 일 중 하나가 동네 주민들 병원에 모시고 가는 일이다.

올부터 이장님 목표가 집을 짓는 일이니

주말마다 흙벽돌 몇백 장씩 찍어 말리자고 한다
집을 짓는 일이란
일생일대의 일이어서 숙연해지는 말이다
어릴 적 사랑방살이한 일이 많았다
처음으로 집을 짓던 때
조무래기들이 볏짚을 넣은 황토 반죽에서 뛰어놀아도
아버지는 입꼬리가 내려갈 줄 몰랐다
우선 집 한 채 뚝딱 지어 나에게 주고
한 해에 한 채씩 지어
한달살이라도 좋으니
젊은 사람 마을에 오게 하는 것이 꿈이라고
꿈이란 건 마냥 좋은 것이라서
벽돌을 찍어서 높이 쌓아놓으면
입꼬리가 벽돌 높이만큼 올라가고
혹시 소문이 돌아서 벽돌 체험 한다고
마을에 애들이 몰려올지 모르니
손님 맞을 준비도 해야지
마당이 있는 집 한 채 갖는 것이 소원이었다
아침 일찍 마당 쓸고 멍석 깔아놓고
이웃과 함께 별처럼 널브러져도 좋겠다
벽돌 찍을 계획만 세웠는데

벌써 밤하늘에 별이 쏟아질 기세다

—「집이 필요하다」 전문

행복한 마을을 만들기 위하여 필요한 사람이 되었다. 밥 먹으러 오라고 부르는 마을 사람들이 많아졌다. 밥을 함께 먹는 사람을 식구라고 한다. 초대하기 위하여 밥상을 준비하는 것이 아니라 밥 먹다가 생각이 나서 숟가락 하나 더 놓고 부르는 사람이 식구다.

어렸을 적 농사일을 할 때 들밥에는 항상 여분의 수저가 있었다. 들밥을 내가면서 여분의 수저를 챙기는 것이 당연했다. 그 당연한 것을 위해 농촌 마을로 이사 가기로 한 것이다.

말복 날
마을에서 삼계탕 잔치를 열었다
뜨거운 날 뚝배기 안에 어린 닭이 삼매에 들었다
얼른 드시라는 성화에 젓가락이 머뭇거린다
젓가락으로 가부좌를 풀었다
배 속에서 사리가 쏟아졌다
해탈이다
국물 한 방울도 남기지 않고 먹었다
오늘 온전하게 어린 부처를 온몸으로 모셨다

마을 사람들 모두가 식구였다

공동체 회복이라는 화두를 들고

욕계에 서성이는 내가 부끄러웠다

세시풍속을 거르지 않으면 최고라는 말에

합장으로 예를 갖춘다.

—「삼계탕」 전문

3. 마을공화국

직업이 '마을만들기'다. 마을만들기라는 말은 어색하다. 이미 마을이 존재하는데 마을만들기라니? 빌려온 말이라 그렇다고 했다. 일본에서 먼저 시작한 일이라고 한다. 그래서 나는 행복한 마을만들기라는 이름을 쓰기로 했다. 역시 아직도 혼자 쓰는 말이다.

빠르면 10년 늦으면 20년이 지나면 농촌 마을은 사라진다. 자손들이나 귀농·귀촌인이 마을에 들어오고 있으나 나이 들어 세상을 뜬 주민의 속도를 줄이지 못하고 있다. 그래서 하는 일이 마을을 깨끗하고 아름답고 벌어먹고 살 수 있는 환경으로 만드는 것이다.

맨땅에 헤딩한다는 말이 있다. 행복한 마을만들기 일이 그렇다. 마을사업의 지향점은 마을 자치의 실현이다. 한마디로 마을공화국을 만드는 데 있다고 생각한다. 문제는 혼자만의 생각으로 귀결된다. 세상은 아직도 마을 자치를 감히 너희들이… 이런 생각이 앞서고, 마을 주민 역시 식민과 독재의 길들임에서 자유롭지 못한 것을 모두 부인할 수는 없을 것이다.

마을만들기 사업은 마을 규약을 만들고 마을기업을 만드는 것이 선행되어야 한다는 것에 동의하지 못하는 다수 속에서 오늘도 맨땅에 헤딩을 하고 있다.

농막이 있는 마을에서 팥죽을 먹는다
모두 팔순이 넘었다
동지팥죽을 먹고
늦은 양파를 심었다
팔순 넘은 어르신이 모종 구덩이를 파주었다
이장님은 경운기에 왕겨를 싣고 왔다
한 시간 지나서야
만덕이가 아니라 이장님이었네
눈귀가 개갈이 안 나
나는 어떻게 알아보고 왔냐고 했더니
좋아하는 사람은 눈 속에 박혔다니까 하고 웃는다
눈만 마주치면 웃어주는 사람들이다

어르신과 이장님과 셋이서 함께 심었으니
내년에 세 등분으로 나누자고 했다
어르신이 못 들은 척하더니
내년이라는 말에 얼굴 주름이 자잘하게 웃는다
온 마을에 계절마다 꽃이 피도록
꽃나무 심기로 약속했는데
동지팥죽 먹는 밥상에는
해가 갈수록 숟가락 숫자가 줄어든다.

—「동지팥죽 먹는 날」 전문

우리는 새로 만난 사이가 되었다

초판 1쇄 발행 • 2020년 10월 12일

지은이 • 김영서
펴낸이 • 황규관

펴낸곳 • 도서출판 (주)삶창
출판등록 • 2010년 11월 30일 제2010-000168호
주소 • 04149 서울시 마포구 대흥로 84-6, 302호
전화 • 02-848-3097
팩스 • 02-848-3094

디자인 • 정하연
인쇄 • 신화코아퍼레이션
제책 • 국일문화사

ISBN 978-89-6655-125-5 03810

* 책값은 뒤표지에 표시되어 있습니다.

본 도서는 충청남도·충남문화재단의 후원으로 발간되었습니다.

삶창시선

1	山河丹心	___이기형
2	근로기준법	___육봉수
3	퇴출시대	___객토문학 동인
4	오래된 미신	___거미 동인
5	섬진강 편지	___김인호
6	늦은 오후에 부는 바람	___젊은시 동인
7	아직은 저항의 나이	___일과시 동인
8	꽃비 내리는 길	___전승묵
9	바람이 그린 벽화	___송태웅
10	한라산의 겨울	___김경훈
11	다시 중심으로	___해방글터 동인
12	봄은 왜 오지 않는가	___이기형
13	거미울 고개	___류근삼
14	검지에 핀 꽃	___조혜영
15	저 많은 꽃등들	___일과시 동인
16	참빗 하나	___이민호
17	꿀잠	___송경동
18	개나리 꽃눈	___표성배
19	과업	___권혁소
20	바늘구멍에 대한 기억	___김형식
21	망가진 기타	___서정민 유고시집
22	시금치 학교	___서수찬
23	기린 울음	___고영서
24	하늘공장	___임성용
25	천 년 전 같은 하루	___최성수
26	꽃과 악수하는 법	___고선주
27	수화기 속의 여자	___이명윤
28	끊어진 현	___박일환
29	꽃이 눈물이다	___강병철
30	생각을 훔치다	___김수열
31	별에 쏘이다	___안준철
32	화려한 반란	___안오일
33	퀸투	___이장근
34	헛된 슬픔	___박순호
35	거꾸로 가자	___윤재철